ANALISI DEL LIBRO

Gli occhi gialli dei coccodrilli

· · · · · · · · · · · · · · · ·

Katherine Pancol

ANALISI DEL LIBRO

Scritto da Lucile Lhoste
Tradotto da Sara Rossi

Gli occhi gialli dei coccodrilli

KATHERINE PANCOL

KATHERINE PANCOL

ROMANZIERA FRANCESE

- **Nata a Casablanca (Marocco) nel 1954**
- **Opere degne di nota:**
  - *Gli occhi gialli dei coccodrilli* (2006), romanzo
  - *Il valzer lento delle tartarughe* (2008), romanzo

Katherine Pancol è nata in Marocco nel 1954 e si è trasferita in Francia all'età di cinque anni. All'inizio della sua carriera ha lavorato come insegnante di francese e latino e poi come giornalista, prima di incontrare un editore che l'ha incoraggiata a scrivere un romanzo. Il libro che ne deriva, intitolato *Moi d'abord* ("Io per prima"), viene pubblicato nel 1979. L'anno successivo, Pancol si trasferisce a New York per seguire i corsi di scrittura creativa alla Columbia University. Durante il periodo trascorso negli Stati Uniti scrive tre romanzi, prima di tornare in Francia, dove si dedica alla scrittura a tempo pieno.

Pancol ha pubblicato finora 14 romanzi, due dei quali sono stati tradotti in inglese (*The Yellow Eyes of Crocodiles*, 2006 e *The Slow Waltz of Turtles*, 2008). Insieme a *Les écureuils de Central Park sont tristes le lundi* ("Gli scoiattoli di Central Park sono tristi il lunedì", 2010), questi romanzi formano una trilogia di bestseller. Ha scritto anche un'altra trilogia, *Muchachas* (in spagnolo "ragazze"), che presenta alcuni degli stessi personaggi.

GLI OCCHI GIALLI DEI COCCODRILLI

PERSONAGGI COLORATI E AVVENTURE STRAVAGANTI

- **Genere:** romanzo

- **Edizione di riferimento:** Pancol, K. (2013) *Gli occhi gialli dei coccodrilli*. Trans. Rodarmor, W. e Dickinson, H. New York: Penguin.

- **1ª edizione:** 2006

- **Temi:** scoperta di sé, saga familiare, amore, ambizione, bugie

Gli occhi gialli dei coccodrilli è stato pubblicato nel 2006, con una traduzione in inglese apparsa nel 2013. È scritto in uno stile semplice e racconta la storia di Joséphine e Iris, due sorelle che difficilmente potrebbero essere più diverse. Joséphine è a corto di soldi, mentre Iris desidera essere riconosciuta come scrittrice: Joséphine scriverà come ghostwriter un libro che sarà pubblicato a nome della sorella.

L'omonimo adattamento cinematografico è uscito in Francia nell'aprile 2014. È in gran parte fedele al libro e pone particolare enfasi sulla relazione tra Joséphine e Iris.

SINTESI

UNA SERIE DI RELAZIONI FALLIMENTARI

All'inizio del romanzo, il marito di Joséphine, Antoine, disoccupato da un anno, la lascia per Mylène, la donna con cui la
tradiva, lasciandola sconvolta.

Mentre l'amica Shirley la sostiene durante la rottura, la
madre Henriette e la sorella Iris sono molto meno compren-
sive, perché pensano che non sia abbastanza forte per affron-
tarla. Il rapporto di Joséphine con loro è sempre stato
piuttosto difficile, ma ora per la prima volta affronta la madre
e rifiuta il denaro che le offre. È decisa a costruire una nuova
vita per sé e per le sue due figlie, Zoé e Hortense, senza dipen-
dere da nessuno.

Nel frattempo, Antoine ha chiesto un grosso prestito per
poter andare in Kenya a gestire un allevamento di coccodrilli.
Tuttavia, non potendo restituirlo, Joséphine ripaga da sola
l'intera somma. Philippe, il marito di Iris, si offre di pagarla
per tradurre alcuni contratti e, dopo aver visto la qualità del
suo lavoro, le chiede di tradurre una biografia dell'attrice
Audrey Hepburn (1929-1993).

L'avventura keniota di Antoine finisce in tragedia: la sua fat-
toria fallisce e lui muore divorato da un coccodrillo.

Dal canto suo, Iris sa che il suo matrimonio è in crisi, ma è
troppo legata al comodo stipendio di Philippe e all'immagine

della coppia per rompere con lui. Prima di incontrarlo, scriveva sceneggiature e viveva la vita al massimo, ma quando si è sposata sembra essere diventata un'altra persona. Sogna spesso ad occhi aperti il suo vecchio fidanzato Gabor Minar, ma è comunque decisa a riconquistare l'affetto del marito e insieme alla sorella inventa una bugia per riuscirci.

Anche la relazione di Henriette con il suo secondo marito Marcel sta naufragando. Lui si pente di aver sposato questa donna irascibile che spende tutti i suoi soldi, lo rimprovera continuamente e non lo soddisfa emotivamente. Ha un'amante, Josiane, ma non riesce a mantenere a lungo il segreto con Henriette. Alla fine del romanzo si lasciano, quando lui la lascia per Josiane, dalla quale ha un figlio.

LA MENZOGNA

Iris cerca di mettersi in mostra a una cena dicendo a un editore che sta scrivendo un romanzo ambientato nel XII secolo, e usa le informazioni che sua sorella le ha raccontato sul periodo per far sembrare la sua bugia plausibile. Si rende conto che la sua vita è diventata vuota e che ora è interamente definita dal suo matrimonio con Philippe. Questo è ancora più preoccupante ora che le cose tra loro non vanno bene; infatti, la situazione è così grave che il figlio Alexandre teme che divorzino.

Ben presto si viene a sapere che Iris ha ricominciato a scrivere e lei si rende conto di essere finita in una trappola creata da lei stessa. Propone quindi a Joséphine un accordo segreto: Joséphine scriverà il libro e si prenderà i soldi che ne derivano, mentre Iris ci metterà il suo nome, si occuperà dei media e si prenderà il merito. Joséphine accetta perché ha bisogno di soldi.

Iris spera che il libro la aiuti a riconquistare Philippe, che si sta gradualmente allontanando da lei. Egli trascorre più tempo con Joséphine, la cui influenza lo sta cambiando: sta entrando in contatto con il suo lato umano e sta pensando di lasciare il lavoro per poter passare più tempo con suo figlio.

A Pasqua, Joséphine si dedica alla stesura del libro della sorella. Incontra un uomo di nome Luca in biblioteca e va al cinema con lui.

Un giorno, Shirley parte improvvisamente per andare a Londra. Quella sera, Joséphine e le sue figlie guardano in televisione un ballo dato dal Principe Carlo (Principe di Galles, nato nel 1948) e da Camilla Parker Bowles (Duchessa di Cornovaglia, nata nel 1947) al Castello di Windsor. Con grande sorpresa, Joséphine si rende conto che una delle donne dietro la Regina è Shirley. Quando Shirley torna, si rifiuta di spiegare perché era al ballo, dicendo a Joséphine che se le dicesse la verità la metterebbe in pericolo. Sembra che sia innamorata di un misterioso "uomo in nero" e che sia venuta in Francia per sfuggirgli.

A luglio, Joséphine consegna a Iris il manoscritto finito perché possa essere presentato per la pubblicazione e le due sorelle vanno in vacanza con i loro figli. Philippe viene con loro per il fine settimana. Mentre sono via, Iris riceve una telefonata dall'editore, che apprezza il manoscritto.

LA VERITÀ VIENE FUORI

Quando il libro viene pubblicato, Iris è costantemente in televisione per promuoverlo. Il romanzo è un successo, ma Philippe è deluso dalla moglie, perché sospetta che non sia lei la vera autrice. Zoé e Alexandre la sentono ammettere al telefono che non ha scritto il libro e Zoé lo dice a Hortense. Philippe ha intenzione di lasciare la moglie, ma vuole che la loro relazione finisca con il botto. Propone a Iris di andare al Festival del Cinema di New York e fa in modo che lei incontri Gabor Minar, il regista di cui è ancora innamorata. Quando si incontrano, i sentimenti di Iris per Gabor e la sua cocente delusione quando lui le dice di essere sposato sono evidenti a Philippe. Nonostante le turbolenze della sua vita personale, il successo del primo libro ispira Iris a chiedere alla sorella di scriverne un altro, ma Joséphine rifiuta.

L'uomo in nero viene a trovare Shirley. Lei riesce a cacciarlo, poi si nasconde sull'isola di Mustique, dove ha una casa per le vacanze. In seguito, Joséphine, i suoi figli, i figli di Shirley e Alexandre la raggiungono per Natale.

Finalmente scopriamo il segreto di Shirley: è la figlia illegittima della Regina d'Inghilterra. Si innamora perdutamente dell'uomo in nero e si confida con lui, ma lui minaccia di raccontare tutto alla stampa. La corte reale lo pagò per tacere e Shirley fu costretta a trasferirsi in Francia per non vederlo più.

Quando torna in Francia, Joséphine rivede Luca, anche se lui l'ha ignorata quando l'ha chiamato a una sfilata di moda a cui partecipava come modello. Lui le spiega che non era lui, ma suo fratello gemello Vittorio, che fa il modello. Finisce per avvicinarsi a Philippe e alla fine lo bacia in segreto.

Per mantenere il suo nome sui giornali, Iris invia loro delle fotografie che la ritraggono con un giovane uomo (che in realtà è Gary, il figlio di Shirley) allo scopo di creare uno scandalo. La verità sul romanzo che sostiene di aver scritto viene finalmente a galla quando Hortense va in televisione per far sì che sua madre ottenga il riconoscimento che merita. Joséphine è felice e Hortense le chiede già quando scriverà il suo prossimo libro.

STUDIO DEL CARATTERE

JOSÉPHINE CORTÈS

Joséphine, che tutti chiamano Jo, è la protagonista del romanzo. Ha 40 anni e lavora al Centre National de la Recherche Scientifique, dove svolge ricerche sul ruolo e sullo status delle donne nel XII secolo. Vive a Courbevoie, alla periferia di Parigi. È spontanea, calorosa, molto sensibile e molto timida. Si presenta come una persona piuttosto debole, spesso non ha la sicurezza di farsi valere e non ha ricevuto molto affetto quando è cresciuta. Sebbene il padre le dimostrasse talvolta di volerle bene, ha sempre pensato che la sorella Iris fosse la preferita della madre.

Nel corso del romanzo, impara gradualmente a farsi valere, prima con la madre e poi con la sorella. Dice a Philippe che quando scrive le sembra di prendere vita. Ha due figlie, Hortense e Zoé. È particolarmente legata a Zoé, che ha dieci anni e ha ancora bisogno di molte attenzioni.

HORTENSE CORTÈS

Hortense, 14 anni, è la figlia maggiore di Joséphine. È esile, con capelli ramati e occhi verdi. Dal punto di vista della personalità, è l'esatto opposto della madre: è ferocemente ambiziosa e molto audace, può essere altezzosa e arrogante e non è molto in contatto con i suoi sentimenti, il che la fa sembrare indifferente e distante. Tratta la madre con durezza e non le dimostra mai di amarla. La sua sicurezza di sé, apparentemente incrollabile, lascia spesso Joséphine in preda all'inquietudine. Quando scopre che il padre è morto, dice a Joséphine che è stata troppo tenera con lui e che avrebbe dovuto fargli più pressione quando era disoccupato. Il suo atteggiamento cambia quando scopre che è stata la madre a scrivere il libro di Iris e va persino in televisione per difenderla.

ANTOINE CORTÈS

Antoine è il marito di Joséphine e il padre di Hortense e Zoé. È di media statura, con occhi e capelli castani. Odia i conflitti e il lungo periodo di disoccupazione lo ha fatto sentire inutile. Lascia Joséphine per Mylène, prima di trasferirsi in Kenya, dove gestisce un allevamento di coccodrilli per conto di un imprenditore cinese. È ottimista riguardo a questo nuovo inizio, che vede come un'occasione per fare finalmente qualcosa di buono, ma dopo pochi mesi è costretto ad ammettere che la sua impresa è un fallimento e sprofonda nella disperazione. Muore divorato da un coccodrillo.

HENRIETTE GROBZ

Henriette è la madre di Joséphine e Iris. Il padre era il suo primo marito Lucien Plissonier, che però morì quando Joséphine aveva dieci anni e Iris quattordici. Dopo la sua morte, Henriette ha iniziato a lavorare per Marcel, ed è così che si sono conosciuti. Lo tratta male e resta con lui solo per i suoi soldi. Il resto della famiglia l'ha soprannominata "lo stuzzicadenti" perché non mostra alcuna considerazione per gli altri e li usa solo per ottenere ciò che vuole. Iris è chiaramente la sua figlia preferita e si prende gioco di Joséphine, che considera troppo sensibile. Alla fine, però, il suo comportamento non paga: Marcel la lascia per un'altra donna e Joséphine si allontana gradualmente da lei.

IRIS DUPIN

Iris, la sorella maggiore di Joséphine, ha 44 anni. È una donna parigina bella, ricca, elegante, con una voce allegra e vivace: "Iris non viveva e non respirava come gli altri mortali: regnava" (p. 15). È manipolatrice, cerca di controllare Joséphine e si preoccupa intensamente della sua immagine: Joséphine dice di non aver mai assistito a momenti di intimità e di amore tra lei e Philippe, perché sembra sempre che stiano recitando. La vita di Iris si sta lentamente sgretolando e il suo matrimonio con Philippe sembra essere solo una messa in scena. Ci viene detto che prima di sposare Philippe aveva una grande voglia di vivere e la viveva appieno. In realtà, non ha ancora dimenticato il suo primo amore, Gabor Minar, con cui ha studiato sceneggiatura. Quando alla fine degli studi fu accusata di plagio, dovette lasciare gli Stati Uniti e smise di scrivere. Philippe la vede come "un'artista frustrata" (p. 397). Un giorno, cerca di impressionare un editore a una cena dicendogli che sta scrivendo un libro sul XII secolo. Per non perdere la faccia, chiede a Joséphine di scrivere il libro per lei, ma sostiene pubblicamente di essere stata lei a scriverlo e fa di tutto per attirare l'attenzione dei media. Dopo essere stata scoperta, il marito e il figlio prendono le distanze da lei e lei fatica a risollevarsi. È gelosa di Joséphine, che non ha i suoi soldi, la sua bellezza o il suo carisma, ma è molto più felice.

PHILIPPE DUPIN

Philippe è il marito di Iris e la coppia ha un figlio di 10 anni, Alexandre. Ha un suo studio legale internazionale, ma il successo professionale è andato a scapito della sua vita privata. Sta iniziando a fare i conti con il fatto che il suo lavoro lo tiene lontano dai suoi cari e vuole iniziare a passare più tempo con loro, soprattutto con Alexandre.

È un uomo onesto e non può tollerare le bugie della moglie sul suo romanzo, così decide di porre fine alla loro relazione in modo indiretto. Si avvicina gradualmente anche a Joséphine, ma alla fine del romanzo non è successo molto tra loro, anche se sembrano in buoni rapporti l'ultima volta che si vedono, quando lui porta Zoé e Alexandre a Évian per andare a cavallo.

MARCEL GROBZ

Marcel è il fondatore di Casamia, una fiorente azienda di mobili e articoli per la casa. È un po' goffo e ha sposato Henriette perché pensava che avrebbe contribuito ad aumentare la sua posizione sociale. Tuttavia, la donna lo maltratta continuamente e lui inizia a trovare un senso maggiore nella relazione con l'amante Josiane, che ha lavorato per lui negli ultimi 15 anni. Quando lei dà alla luce suo figlio, lui dice a Henriette che la lascia e si sente finalmente felice e realizzato.

SHIRLEY

Shirley ha 36 anni ed è la vicina di casa di Joséphine nel loro condominio di Courbevoie. È lei che le dice che Antoine la tradisce e la incoraggia a cacciarlo di casa. È alta e con le spalle larghe, ha capelli biondi corti e folti e occhi dorati. Dà lezioni di canto, vende torte in un ristorante ed è appassionata di cibo biologico. Da tempo è circondata da un'aura di mistero e sembra nascondere qualche segreto. Alla fine si confida con Joséphine: è la figlia illegittima della Regina d'Inghilterra e una volta lo ha confessato al misterioso "uomo in nero" di cui era follemente innamorata, ma è stata costretta a fuggire dall'Inghilterra per Courbevoie quando lui ha minacciato di raccontare tutto alla stampa. A 21 anni ha avuto un figlio, Gary, che oggi ha 15 anni ed è molto legato alla madre.

LUCA

Luca diventa il fidanzato di Joséphine dopo che Antoine l'ha lasciata. Sta lavorando a un libro sulla storia delle lacrime dal Medioevo a oggi per un editore universitario. All'inizio, Joséphine non sa cosa fare di lui perché è un po' cupo, sembra spesso distante e sparisce ripetutamente senza dire una parola. In seguito, i due definiscono più chiaramente il loro rapporto e iniziano a incontrarsi a casa di lui ogni pomeriggio. Ha un fratello gemello, Vittorio, che fa il modello.

ANALISI

UN ROMANZO INCENTRATO SUI PERSONAGGI

Il romanzo ruota attorno ai suoi personaggi molto più che alla sua trama. I personaggi sono eccezionalmente realistici e sono descritti così minuziosamente che ci sembra di conoscerli davvero.

Pancol ha sempre sottolineato l'importanza che attribuisce ai suoi personaggi quando scrive i suoi romanzi. Il loro destino non è fissato fin dall'inizio: li conosce molto bene, ma hanno le loro vite e le loro avventure, quindi lei si limita a seguirli. Nel caso de *Gli occhi gialli dei coccodrilli*, non aveva previsto che Joséphine fosse il personaggio principale, ma ha scoperto che il suo ruolo cresceva man mano che scriveva. Per certi versi, può essere vista come un'antieroina: è rappresentata come eccessivamente sensibile e, a differenza della sorella, manca di molte delle qualità che tendiamo ad associare alle eroine, come la forza, la bellezza e la grinta.

La Pancol ha dichiarato di vivere con i suoi personaggi, poiché essi sono costantemente con lei e i confini tra la sua vita reale e il mondo fittizio che ha creato iniziano a sfumare. Inoltre, i suoi personaggi sono basati su persone che ha incontrato nella sua vita.

UN RITRATTO DELLA FRANCIA CONTEMPORANEA

I personaggi straordinariamente realistici di Pancol e le descrizioni dettagliate della loro vita quotidiana fanno del suo romanzo un ritratto meticoloso della Francia contemporanea. Per farlo, adotta un approccio simile a quello dello scrittore naturalista francese Émile Zola (1840-1902), che si basava su un'ampia documentazione per la stesura dei suoi romanzi. La Pancol attinge alla sua formazione giornalistica e compie ricerche approfondite per ciascuno dei suoi romanzi: ad esempio, per descrivere il lavoro di Marcel quando cerca di acquistare un'importante fabbrica cinese, ha fatto ricerche sugli industriali che hanno lavorato nel mercato cinese. Alcuni dei suoi romanzi contengono anche una bibliografia che elenca tutte le fonti utilizzate nel corso delle sue ricerche.

 ## ZOLA E IL NATURALISMO

A metà del XIX secolo, due nuovi movimenti letterari e artistici emersero in Francia prima di diffondersi in tutta Europa: il realismo, caratterizzato dal desiderio di rappresentare fedelmente la realtà, e poi il naturalismo.

Zola fu la figura di spicco del naturalismo. La sua ambizione era quella di andare oltre il realismo, che cercava di osservare e riprodurre la realtà, applicando i metodi scientifici sperimentali recentemente sviluppati, in particolare quelli di Claude Bernard (fisiologo francese, 1813-1878), che si basavano sull'osservazione seguita da un'ipotesi e poi dalla sperimentazione. Di conseguenza, il processo di scrittura di Zola prevedeva l'osservazione della realtà, l'elaborazione di un'ipotesi basata su questa osservazione e la sperimentazione per verificarla. I suoi romanzi collocano individui con particolari tratti caratteriali in un ambiente specifico e narrano gli eventi che ne conseguono. Nella sua vasta serie di 20 romanzi *Les Rougon-Macquart*, l'autore intendeva dimostrare che i destini degli individui sono plasmati da una sorta di doppio determinismo: l'ereditarietà biologica e l'influenza dell'ambiente.

UN ROMANZO A MOSAICO SULLA RICERCA DELLA FELICITÀ

Come i due romanzi successivi della trilogia di Pancol, *Gli occhi gialli dei coccodrilli* è diviso in cinque parti, ognuna delle quali presenta i punti di vista di numerosi personaggi e racconta episodi essenziali per la storia. La narrazione procede spedita, senza abbellimenti superflui o pause nell'azione, ed è ricca di colpi di scena che riflettono la frenesia della vita moderna.

Il romanzo descrive la vita quotidiana dei personaggi e mostra come le loro interazioni con gli altri e le loro stesse decisioni influenzino il loro destino. In generale, tutti cercano di inserirsi e il lettore li segue in questo viaggio. In questo senso, il romanzo condivide alcune caratteristiche con il *Bildungsroman*, anche se i personaggi sono molto più grandi dei tipici protagonisti di questo genere.

👁 IL *BILDUNGSROMAN*

Il *Bildungsroman*, noto anche come romanzo di formazione, è apparso per la prima volta nel XVIII secolo con
Johann Wolfgang von Goethe (scrittore tedesco, 1749-1832).
Si tratta di un racconto di fantasia che traccia l'evoluzione di
un eroe e della sua visione del mondo mentre affronta
eventi che cambiano la vita, come l'amore e la morte, e
matura grazie alle lezioni che le esperienze gli insegnano. In
alcuni casi, l'eroe scopre e realizza la propria vocazione arti-
stica; questo sottogenere è noto come *Künstlerroman*.
Alcuni dei più noti romanzi di formazione sono *Grandi spe-
ranze* (1861) di Charles Dickens (1812-1870), *Le avventure di
Huckleberry Finn* (1884) di Mark Twain (1835-1910) e *Il buio
oltre la siepe* (1960) di Harper Lee (1926-2016).

I personaggi del romanzo cercano tutti di trovare la felicità,
anche se per ottenerla devono affrontare cambiamenti e
separazioni:

- All'inizio, Joséphine ha un carattere riservato e sta attra-
  versando difficoltà nella sua vita privata. Dopo che Antoine
  l'ha lasciata, è costretta ad andare avanti da sola e lavora
  duramente per superare i suoi demoni interiori: impara a
  mantenere le distanze dalla madre, si avvicina a Luca e poi
  a Philippe. Inoltre, ottiene un riconoscimento professionale quando si scopre che è lei la vera autrice del libro
  della sorella.

- Iris ha tutti i beni materiali che può desiderare, ma vive
  solo per gli altri ed è fissata su ciò che pensano di lei. Per
  questo motivo, dopo la pubblicazione del suo libro, si

impegna a fondo per mantenere il suo profilo pubblico. Inoltre, è infelice nel suo matrimonio perché non ha ancora dimenticato il suo primo amore. È la persona che perde di più alla fine del romanzo: il marito la lascia, la sua vecchia fiamma è sposata con un altro e lei viene pubblicamente disonorata quando viene fuori la verità sul suo romanzo. Ha sempre tenuto molto alla sua reputazione, ma ora è ridotta a brandelli.

I personaggi continuano a svilupparsi nel corso della trilogia e di quella collegata che la segue, *Muchachas*. La storia inizia in un momento chiave della vita di ciascuno dei personaggi (Antoine lascia Joséphine, Iris e Philippe si stanno allontanando, il matrimonio di Henriette e Marcel sta andando a rotoli), che cambiano man mano che procedono e cercano la felicità e la realizzazione.

IL XII SECOLO

Joséphine è ricercatrice presso il prestigioso Centre National de la Recherche Scientifique, specializzata nel ruolo e nello status delle donne nel XII secolo. Zoé adora quando sua madre le parla di Eleonora d'Aquitania (Regina di Francia e poi d'Inghilterra, 1122-1204). Joséphine è particolarmente interessata al lavoro delle donne in questo periodo: contrariamente a quanto si crede, non erano confinate in casa, dove vivevano una vita di ozio, ma lavoravano quanto gli uomini, pur svolgendo mansioni diverse. Le piace individuare i legami tra il XII secolo e il mondo moderno e pensa che questi due periodi abbiano in realtà molti punti in comune. La protagonista del romanzo che sta scrivendo, *A Most Humble Queen*, è una donna del XII secolo di nome

Florine che si rifiuta di essere solo un oggetto da scambiare in matrimonio.

Joséphine pensa molto al Medioevo nella sua vita quotidiana e questo interesse diventa l'unica fonte di reddito della sua famiglia. Quando sogna ad occhi aperti, si immagina come un personaggio storico. Riesce a trovare collegamenti anche tra i più piccoli dettagli e il XII secolo, come quando il romanzo spiega che la parola "ispirazione" risale a questo periodo. Il XII secolo ha un impatto anche su Iris, poiché sembra essere legato a particolari momenti della sua vita. Tuttavia, mentre l'interesse di Joséphine per questo periodo sembra naturale, tutti stentano a credere che anche Iris, meno istruita e abituata a una vita oziosa, vi si sia improvvisamente interessata.

IL PROCESSO DI SCRITTURA

Al centro del romanzo ci sono due scrittrici: Joséphine e Iris. Quando Iris le chiede di scrivere un romanzo per suo conto, Joséphine scrive del XII secolo, che è la sua passione e la sua area di competenza. Iris, dal canto suo, è un'artista frustrata i cui sogni di lavorare in un film hollywoodiano si sono infranti quando un'altra studentessa ha scoperto che la sua sceneggiatura, che già faceva scalpore nel settore, era stata plagiata. Nonostante il marito la incoraggi a trovare uno sbocco creativo, lei smette definitivamente di scrivere.

La scrittura è al centro del romanzo, perché la trama e lo sviluppo dei personaggi ruotano intorno a questo processo e alle conseguenze dell'insolito patto tra Iris e Joséphine. Il libro di Joséphine, *Una regina umilissima*, racconta la storia di una regina che si lascia guidare dal cuore, proprio come i personaggi di Pancol nella loro ricerca della felicità. Quando Joséphine lavora al romanzo, questo si impadronisce gradualmente di tutta la sua esistenza, al punto che inizia a pensare a come inserire nella storia elementi della sua vita e porta con sé ovunque un taccuino per annotare le idee non appena le vengono in mente. Quando Luca le chiede un appuntamento, prima ancora che sia avvenuto, pensa a come trasporre i suoi sentimenti per lui alla sua eroina Florine, facendola innamorare di uno dei suoi mariti. Si butta a capofitto nel suo mestiere e ci lavora molto coscienziosamente, proprio come Pancol con i suoi romanzi.

RELAZIONI FAMILIARI

Il romanzo esplora anche una serie di relazioni familiari, che possono rivelarsi piuttosto complicate. Ad esempio, il rapporto di Henriette con le figlie è complesso, poiché Iris è sempre stata la sua preferita. A un certo punto, Joséphine ricorda un episodio della loro infanzia in cui entrambe hanno rischiato di annegare e Henriette ha scelto di salvare prima Iris. Tuttavia, non le rinfaccia troppo l'abbandono e i maltrattamenti subiti, perché pensa che questo le abbia permesso di sviluppare l'indipendenza e la resilienza necessarie per ritagliarsi il proprio posto nel mondo.

Anche con le figlie Joséphine ha rapporti contrastanti, anche se nel suo caso ciò è dovuto ai loro diversi temperamenti. Zoé è sensibile e affettuosa, il che fornisce uno sfogo alla tenerezza materna di Joséphine, mentre Hortense ha una vena orgogliosa, quasi altera. Tuttavia, è meno fredda e insensibile di quanto possa sembrare, poiché si preoccupa ancora di ciò che pensa la madre e si ammorbidisce nel corso del romanzo. La sua presa di posizione alla fine del romanzo coglie completamente di sorpresa la madre, che teme di reagire male alla sua iniziativa. Tuttavia, la sua difesa accanita della madre finisce per creare uno stretto legame tra le due e far capire loro quanto siano importanti l'una per l'altra.

Tuttavia, il rapporto che viene esplorato più dettagliatamente nel romanzo è quello tra Iris e Joséphine. Il libro che Joséphine scrive come ghostwriter segna una svolta nel rapporto tra le due sorelle, che hanno personalità molto diverse. Mentre Iris usa la sorella per rafforzare la propria reputazione, Joséphine trae grande beneficio da questa esperienza, che le insegna a liberarsi dall'influenza di Henriette e Iris e a prendere in mano la propria vita. In questo modo, segue le orme degli altri personaggi del romanzo e si mette alla ricerca della felicità.

ULTERIORI RIFLESSIONI

ALCUNE DOMANDE SU CUI RIFLETTERE...

- Spiega perché Joséphine potrebbe essere descritta come un'antieroina.

- Nel corso della trilogia, Philippe si trasforma da uomo d'affari sensibile e preoccupato di come gli altri lo vedono a padre devoto che si preoccupa sempre meno dello status sociale. Come spiegherebbe questo cambiamento? In che modo inizia a cambiare nel primo romanzo?

- Scrivete uno studio dettagliato dei personaggi di Joséphine e Iris e commentate il modo in cui si sviluppa la loro relazione.

- Perché il romanzo può essere definito un *Bildungsroman*? Confrontatelo con altre opere note dello stesso genere.

- Il titolo del romanzo fa riferimento a un dettaglio della storia. Spiegate di cosa si tratta. Secondo lei, perché Pancol ha scelto di attirare l'attenzione su di esso?

- Spiega cosa lo rende un romanzo realista.

- In che modo la scrittura a mosaico di Pancol potrebbe essere trasposta al cinema? Secondo lei, l'adattamento cinematografico del 2014 è riuscito a trasmettere il suo stile?

ULTERIORI LETTURE

EDIZIONE DI RIFERIMENTO

Pancol, K. (2013) *Gli occhi gialli dei coccodrilli*. Trans. Rodarmor, W. e Dickinson, H. New York: Penguin.

COLLEGAMENTI

Sito ufficiale di Katherine Pancol: <http://www.katherine-pancol.com/us/>

ADATTAMENTI

Les Yeux Jaunes des Crocodiles. (2014) [Film]. Cécile Telerman. Dir. Francia: Les Films Manuel Munz.

Vogliamo sapere da voi!
Lasciate un commento sulla vostra biblioteca online
e condividete i vostri libri preferiti sui social media!

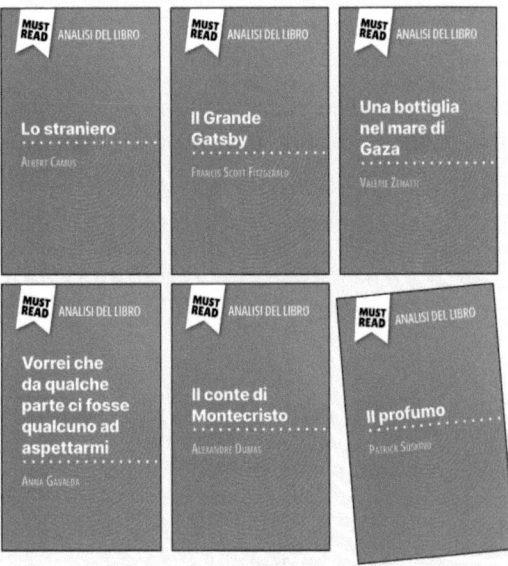

www.50minutes.com

Master ISBN: 9782808690782
ISBN cartaceo: 9782808612180
Deposito legale: D/2023/12603/1498

Copertura: © Primento

Concezione digitale a cura di Primento, il partner digitale degli editori.